Anne Steinwart

Bäckerei Engel, Halbmondgasse 12

W0217705

Die Autorin:

Anne Steinwart wurde 1945 in Steinheim/Westfalen geboren, wo sie auch heute mit ihrer Familie lebt. Sie arbeitete viele Jahre als Sekretärin, bevor sie sich ganz dem Schreiben widmete.
Bekannt wurde Anne Steinwart durch ihre Gedichtbände und ihre Kinderbücher wie ›Tina ist eben so!‹, ›Alle nennen sie Lisbeth‹, ›Marie, Mareike und Mikado‹ und ›Tausendfüßler läßt schön grüßen‹.

Titel der Autorin bei dtv junior: siehe Seite 4

Die Illustratorin:

Eva Czerwenka wurde 1965 in Straubing geboren. Sie lebt in München und Straubing. Nach Abschluß ihres Studiums der Bildhauerei an der Akademie der Bildenden Künste in München begann sie, sich mit der Illustration von Kinderbüchern zu beschäftigen. Für dtv junior hat sie bereits ›Maxi will ein Pferd besuchen‹ (Text: Irina Korschunow) illustriert.

Von Anne Steinwart ist bei dtv junior außerdem lieferbar:
›Sternenhimmel, Fliegendreck‹, Band 70264

Anne Steinwart

Bäckerei Engel, Halbmondgasse 12

Mit Bildern von Eva Czerwenka

Deutscher
Taschenbuch
Verlag

dtv

Von Anne Steinwart ist bei dtv junior außerdem lieferbar:
›Sternenhimmel, Fliegendreck‹, Band 70264

Ungekürzter Text, für die Taschenbuchausgabe neu illustriert
Oktober 1993
Deutscher Taschenbuch Verlag GmbH & Co KG, München
© für den Text: 1991 Carlsen Verlag GmbH, Hamburg
ISBN 3-551-53225-7
© für die Illustrationen:
Deutscher Taschenbuch Verlag GmbH & Co KG, München
Umschlaggestaltung: Celestino Piatti
Umschlagbild: Eva Czerwenka
Gesetzt aus der Garamond 16/20'
Gesamtherstellung: Kösel, Kempten
Printed in Germany · ISBN 3-423-75027-8

Es ist Dezember.
Stutenkerlzeit!
Die schönsten Stutenkerle
in unserer Stadt gibt es
in der Bäckerei Engel
in der Halbmondgasse 12.

Gustav Engel backt sie
seit vier Jahrzehnten
alle Jahre wieder
höchstpersönlich.
Aus hellem, süßem Hefeteig,
wie sich das gehört.

Heute morgen stellt seine Frau Thea
vier Dutzend frischgebackene
Hefeteigmänner in das
weihnachtlich dekorierte Schaufenster.
Einer ist schöner als der andere!

»Viel zu schade zum Aufessen«,
murmelt Thea Engel.
»Mein Gustav ist wirklich
ein Meisterbäcker!«
»Stimmt genau«, flüstert der Stutenkerl,
den sie gerade in der Hand hält.
»Bis auf…«

»Bis auf was?« fragt Thea verdutzt.
»Ich will eine Frau«, flüstert
der Stutenkerl sehnsüchtig.
»Warum backt er immer nur Männer?«
Thea Engel schaut den Stutenkerl
lange an. Sehr lange!
Ohne ein Wort zu sagen.

Seit vierzig Jahren
ist Thea nun
mit ihrem Gustav verheiratet.
Vierzig Jahre lang hat sie
jedes Jahr im Dezember
täglich neue Stutenkerle
im Schaufenster aufgereiht
und verkauft.
Viele, viele Stutenkerle
sind durch ihre Hände gegangen.
Gesprochen hat niemals
einer von ihnen.

Schön waren sie alle,
wunderschön,
aber stumm!
Und nun sagt dieser
Kerl in ihrer Hand,
er will eine Frau…
›Recht hat er‹, denkt Thea Engel,
›verflixtnochmal, er hat recht!
Warum backt Gustav
immer nur Männer?‹

Sie trägt den Stutenkerl nach hinten
in die Backstube.

Gustav Engel steht
zwischen den Körben voller Brote
und dampfender Brötchen.
Er rollt einen letzten
Quadratmeter Teig aus.

Für Wiener Weihnachtsherzen.
Wenn sie fertig sind,
wird er schlafen gehen.
Seit Mitternacht ist er auf den Beinen.
Jetzt ist es sieben Uhr,
in einer Viertelstunde
beginnt vorne im Laden der Verkauf.
Dafür ist Thea zuständig.
Gustav taucht erst
spätnachmittags wieder auf.

»Was gibt's?« fragt er nun, weil seine
Frau mit einem Stutenkerl dasteht
und ihn so merkwürdig ansieht.

»Nichts«, antwortet Thea Engel, »nichts Besonderes – nur der hier…« Sie hält ihrem Mann den Stutenkerl unter die Nase. »Der spricht!«

Bäcker Engel guckt sie mißmutig an. »Quatsch«, brummt er, »noch nie…« »Ich weiß«, sagt Thea schnell, »aber er spricht wirklich!«

Gustav Engel schüttelt den Kopf.
Er ist müde.
Morgens zwischen sieben und acht
soll man ihn gefälligst
in Ruhe lassen!

»Er will eine Frau«,
sagt Thea Engel vorsichtig.
»Ich versteh' das!«
»Quatsch«, brummt ihr Mann.
»Ich fang' doch
nach vierzig Bäckerjahren
nicht mit Hefeteigfrauen an.
So'n Quatsch!«
»Ist schon gut«, sagt Thea.
»Du hast ja recht.
In deinem Alter kann man
nichts Neues mehr ausprobieren.
Dafür sind die Jüngeren da!«

Sie dreht sich um
und geht in den Laden zurück.
Mit einem verschmitzten Lächeln
im Gesicht.

»Du hast nichts erreicht«,
flüstert der Stutenkerl.
»Du hättest es klüger
anfangen müssen.«
Er verzieht seine Zuckerguß-
Mundwinkel nach unten
und quengelt:
»Ich will eine Frau, ich will eine Frau,
ich will eine Frau!«
»Pssscht!« sagt Thea Engel. »Pssscht!
Hab Geduld. Du kriegst deine Frau!«
Sie lehnt den schmollenden Stutenkerl
an eine Packung Paniermehl
im Regal hinter der Theke.

Die ersten Kunden kommen.
Thea hat keine Zeit mehr.
In der ersten Stunde
ist immmer viel zu tun.
Außer den üblichen Mengen
von Brot und Brötchen
verkauft sie heute früh
schon neun Stutenkerle.
So ganz nebenbei.

Jedesmal,
wenn sie einen
aus dem Schaufenster holt,
geistern ihr die gleichen Gedanken
durch den Kopf.
Alle sind stumm, so stumm,
wie solche Kerle nun einmal sind.
Wieso spricht EINER von ihnen?

Als der Laden endlich einmal leer ist,
fragt sie den immer noch
schmollenden Stutenkerl:

»Wieso redest du überhaupt?«
»Weil ich eine Frau will«, sagt er.
Thea Engel seufzt.
Das ist doch keine Antwort
auf ihre Frage!

»Und die anderen?
Deine Kollegen –
wieso sprechen sie nicht?«
Nun seufzt der Stutenkerl.

»Weil sie keine Frau wollen.«
»Ja und?«
Thea stützt die Hände auf ihre Hüften.
»Wieso wollen sie keine Frau?«
»Vielleicht wollen sie auch eine«,
sagt der Stutenkerl schnippisch,
»aber sie reden ja nicht!«

Thea Engel gibt es auf.
Dieser eine Stutenkerl redet.
Die anderen reden eben nicht.
»Hast du einen Namen?« fragt sie,
um das Gespräch zu beenden.
»Laurentius«, sagt der Stutenkerl.
»Wann kriege ich meine Laurentia?«
»Sehr bald«, sagt Thea.
»Hab noch ein bißchen Geduld.«

Sie ist sich ganz sicher;
Gustav hat bestimmt längst
eine Teigfrau
in den Backofen geschoben.
»In deinem Alter
kann man nichts Neues mehr
ausprobieren«, hat sie gesagt
und: »Dafür sind die Jüngeren da.«
So etwas läßt er nicht auf sich sitzen!

Thea schmunzelt
und guckt auf die Uhr.
Es ist fünf Minuten
vor halb neun.
Eigentlich müßte er jeden Augenblick
auftauchen...
Richtig! Da kommt er schon.
Mit einem Kuchenblech in der Hand.

»Damit du Bescheid weißt«, brummt er,
»alt bin ich noch lange nicht!
Hier, werde glücklich mit ihr.«
Auf dem Backblech
liegt eine Stutenfrau,
die so hübsch aussieht,
daß Thea für einen Moment
sprachlos ist.

Sie wirft ihrem Mann
einen zärtlichen Blick zu.
Gustav ist nicht nur ein Meisterbäcker;
er ist ein Künstler!

Sogar einen Trägerrock
und eine Bluse mit Kragen
hat er geformt
und mit Mandeln
und Zuckerperlen verziert.
Und über die Rosinenaugen
hat er helle, freche Ponyfransen
aus Zuckerguß gespritzt, darüber
einen Zopf aus Hefeteig gelegt.
Thea lächelt verträumt.
So ähnlich hat sie ihre Haare
früher auch getragen.

Gustav legt sein Kunstwerk vorsichtig
auf die Ladentheke.
Mit einem Satz springt der Stutenkerl
vom Regal.
»Endlich!« jauchzt er.
»Laurentia! Komm, meine Liebe!«

»Donnerwetter«, sagt Bäcker Engel,
»der Kerl spricht tatsächlich!
Wieso spricht er?
Wieso nennt er sie Laurentia?«
»Frag nicht so viel«, sagt Thea Engel.
»Laurentius spricht eben.
Guck mal, wie jung sie noch sind!
Und wie verliebt!
Ist das nicht schön?«
»So'n Quatsch«,
brummt Gustav Engel.
»Laurentius und Laurentia!«
Er schaut den beiden
kopfschüttelnd nach.

Sie sind von der Theke gehüpft,
eilen Hand in Hand
auf die Ladentür zu,
ohne zu zögern.
Als wüßten sie genau,
wohin sie nun gehen.

Thea Engel strahlt.
Für Liebesgeschichten hatte sie
schon immer viel übrig!

Plötzlich ertönt
eine entschlossene Stimme
aus dem Schaufenster:
»Ich will auch eine Frau!«
»Ich auch!«
Alle Stutenkerle im Fenster
beginnen zu schreien:
»Ich auch!«
»Ich auch!«
»Ich auch!«
»Ich....«

Thea hält sich
die Ohren zu.
»Das kommt davon, meine Liebe«,
sagt Bäcker Engel
und schmunzelt.
»Sieh zu, wie du mit ihnen fertig wirst.
Ich gehe jetzt schlafen!«

REI ENGEL

OSKAR IM PARADIES

Wer von den neuen Nachbarn ist wohl der berühmte Krimiautor? Das möchte Oskar natürlich zuallererst herausbekommen, als er mit seiner Familie in eine neue Stadt zieht. Bei seinen Nachforschungen kommt es zu vielen lustigen Verwechslungen, und die spannende Geschichte nimmt ein höchst überraschendes Ende!

Margareta Lindberg, Oskar im Paradies
Aus dem Schwedischen von Birgitta Kicherer.
130 Seiten, Pappe lam., ab 8 Jahren

CARLSEN
VERLAG